AF582299

GRAND TARIF
OV
EVALVATION DV PRIX DV MARC DES ESCVS, PISTOLES d'Espagne, Escus & Pistoles d'Italie legeres de diuerses fabriques.

Depuis le grain de chaque Espece iusques à cent Marcs, consecutiuement, pour seruir aux Bureaux des Tresoriers, Receueurs generaux, & autres Bureaux où il se reçoit ordinairement grande quantité d'or.

Suiuant la Declaration du Roy du 27. Septembre 1640. verifiée en la Cour des Monnoyes le 11. d'Octobre ensuiuant.

A PARIS,
Chez SEBASTIEN CRAMOISY, Imprimeur ordinaire du Roy, & en la Cour des Monnoyes, ruë sainct Iacques, aux Cicognes.

M. DC. XLI.

Auec Priuilege de sa Majesté.

GRAND TARIF.

Escus.

LE GRAIN,	1 s. 7 d.
Deux Grains,	3 s. 2 d.
Trois,	4 s. 10 d.
Quatre,	6 s. 5 d.
Cinq,	8 s. 1 d.
Six,	9 s. 8 d.
Sept,	11 s. 4 d.
Huit,	12 s. 11 d.
Neuf,	14 s. 7 d.
Dix,	16 s. 2 d.
Onze,	17 s. 9 d.
Douze,	19 s. 5 d.
Treize,	21 s.
Quatorze,	22 s. 7 d.
Quinze,	24 s. 3 d.
Seize,	25 s. 11 d.
Dix-sept,	27 s. 6 d.
Dix huit,	29 s. 2 d.
Dix-neuf,	30 s. 9 d.
Vingt,	32 s. 4 d.
Vingt-vn,	34 s.
Vingt-deux,	35 s. 7 d.
Vingt-trois,	37 s. 3 d.

Le DENIER,	38 s. 9 d.
Le demy Gros,	2 l. 18 s. 2 d.
Le GROS,	5 l. 16 s. 3 d.
Deux,	11 l. 12 s. 6 d.
Trois,	17 l. 8 s. 9 d.
Quatre,	23 l. 5 s.
Cinq,	29 l. 1 s. 3 d.
Six,	34 l. 17 s. 6 d.
Sept,	40 l. 13 s. 9 d.
L'ONCE,	46 l. 10 s.
Deux,	93 l.
Trois,	139 l. 10 s.
Quatre,	186 l.
Cinq,	232 l. 10 s.
Six,	279 l.
Sept,	325 l. 10 s.
Le MARC,	372 l.
Deux,	744 l.
Trois,	1116 l.
Quatre,	1488 l.
Cinq,	1860 l.
Six,	2232 l.
Sept,	2604 l.
Huit,	2976 l.
Neuf,	3348 l.
Dix,	3720 l.
Onze,	4092 l.
Douze,	4464 l.
Treize,	4836 l.
Quatorze,	5208 l.
Quinze,	5580 l.
Seize,	5952 l.

Dix-sept,	6324 l.
Dix huit,	6696 l.
Dix-neuf,	7068 l.
Vingt,	7440 l.
Vingt-vn,	7812 l.
Vingt deux,	8184 l.
Vingt-trois,	8556 l.
Vingt-quatre,	8928 l.
Vingt-cinq,	9300 l.
Vingt-six,	9672 l.
Vingt-sept,	10044 l.
Vingt-huit,	10416 l.
Vingt-neuf,	10788 l.
Trente,	11160 l.
Trente-vn,	11532 l.
Trente-deux,	11904 l.
Trente-trois,	12276 l.
Trente-quatre,	12648 l.
Trente-cinq,	13020 l.
Trente-six,	13392 l.
Trente-sept,	13764 l.
Trente-huit,	14136 l.
Trente-neuf,	14508 l.
Quarante,	14880 l.
Quarante-vn,	15252 l.
Quarante-deux,	15624 l.
Quarante trois,	15996 l.
Quarante quatre,	16368 l.
Quarante cinq,	16740 l.
Quarante six,	17112 l.
Quarante sept,	17484 l.
Quarante huit,	17856 l.

Quarante neuf,	18228 l.
Cinquante,	18600 l.
Cinquante vn,	18972 l.
Cinquante deux,	19344 l.
Cinquante trois,	19716 l.
Cinquante quatre,	20088 l.
Cinquante cinq,	20460 l.
Cinquante ſix,	20832 l.
Cinquante ſept,	21204 l.
Cinquante huit,	21576 l.
Cinquante neuf,	21948 l.
Soixante,	22320 l.
Soixante vn,	22692 l.
Soixante deux,	23064 l.
Soixante trois,	23436 l.
Soixante quatre,	23808 l.
Soixante cinq,	24180 l.
Soixante ſix,	24552 l.
Soixante ſept,	24924 l.
Soixante huit,	25296 l.
Soixante neuf,	25668 l.
Soixante dix,	26040 l.
Soixante onze,	26412 l.
Soixante douze,	26784 l.
Soixante treize,	27156 l.
Soixante quatorze,	27528 l.
Soixante quinze,	27900 l.
Soixante ſeize,	28272 l.
Soixante dix ſept,	28644 l.
Soixante dix huit,	29016 l.
Soixante dix neuf,	29388 l.
Quatre vingts,	29760 l.

Quatre vingts vn,	30132 l.
Quatre vingts deux,	30504 l.
Quatre vingts trois,	30876 l.
Quatre vingts quatre,	31248 l.
Quatre vingts cinq,	31620 l.
Quatre vingts six,	31992 l.
Quatre vingts sept,	32364 l.
Quatre vingts huit,	32736 l.
Quatre vingts neuf,	33108 l.
Quatre vingts dix,	33480 l.
Quatre vingts onze,	33852 l.
Quatre vingts douze,	34224 l.
Quatre vingts treize,	34596 l.
Quatre vingts quatorze,	34968 l.
Quatre vingts quinze,	35340 l.
Quatre vingts seize,	35712 l.
Quatre vingts dix sept,	36084 l.
Quatre vingts dix huit,	36456 l.
Quatre vingts dix neuf,	36828 l.
Cent,	37200 l.
Deux cens,	74400 l.
Trois cens,	111600 l.
Quatre cens,	148800 l.
Cinq cens,	186000 l.
Mil,	372000 l.

Pistoles d'Espagne.

LE GRAIN,	1 s. 6 d. $\frac{19}{31}$
Deux Grains,	3 s. 1 d.
Trois,	4 s. 7 d.
Quatre,	6 s. 2 d.

Cinq,	7 ſ. 9 d.
Six,	9 ſ. 3 d.
Sept,	10 ſ. 10 d.
Huit,	12 ſ. 4 d.
Neuf,	13 ſ. 11 d.
Dix,	15 ſ. 6 d.
Onze,	17 ſ.
Douze,	18 ſ. 7 d.
Treize,	20 ſ. 2 d.
Quatorze,	21 ſ. 8 d.
Quinze,	23 ſ. 3 d.
Seize,	24 ſ. 9 d.
Dix ſept,	26 ſ. 4 d.
Dix huit,	27 ſ. 11 d.
Dix neuf,	29 ſ. 5 d.
Vingt,	31 ſ.
Vingt vn,	32 ſ. 7 d.
Vingt deux,	34 ſ. 1 d.
Vingt trois,	35 ſ. 8 d.
LE DENIER,	37 ſ. 2 d.
Le demy Gros,	2 l. 15 ſ. 10 d.
LE GROS,	5 l. 11 ſ. 8 d.
Deux,	11 l. 3 ſ. 5 d.
Trois,	16 l. 15 ſ. 1 d.
Quatre,	22 l. 6 ſ. 10 d.
Cinq,	27 l. 18 ſ. 7 d.
Six,	33 l. 10 ſ. 3 d.
Sept,	39 l. 2 ſ. 2 d.
L'ONCE,	44 l. 13 ſ. 9. d.
Deux,	89 l. 7 ſ. 6 d.
Trois,	134 l. 1 ſ. 3 d.
Quatre,	178 l. 15 ſ.

Cinq

Cinq,	223 l. 8 s. 9 d.
Six,	268 l. 2 s. 6 d.
Sept,	312 l. 16 s. 3 d.
LE MARC,	357 l. 10 s.
Deux Marcs,	715 l.
Trois,	1072 l. 10 s.
Quatre,	1430 l.
Cinq,	1787 l. 10 s.
Six,	2145 l.
Sept,	2502 l. 10 s.
Huit,	2860 l.
Neuf,	3217 l. 10 s.
Dix,	3575 l.
Onze,	3932 l. 10 s.
Douze,	4290 l.
Treize,	4647 l. 10 s.
Quatorze,	5005 l.
Quinze,	5362 l. 10 s.
Seize,	5720 l.
Dix sept,	6077 l. 10 s.
Dix huit,	6435 l.
Dix neuf,	6792 l. 10 s.
Vingt,	7150 l.
Vingt vn,	7507 l. 10 s.
Vingt deux,	7865 l.
Vingt trois,	8222 l. 10 s.
Vingt quatre,	8580 l.
Vingt cinq,	8937 l. 10 s.
Vingt six,	9295 l.
Vingt sept,	9652 l. 10 s.
Vingt huit,	10010 l.
Vingt neuf,	10367 l. 10 s.

Trente,	10725 l.
Trente vn,	11082 l. 10 s.
Trente deux,	11440 l.
Trente trois,	11797 l. 10 s.
Trente quatre,	12155 l.
Trente cinq,	12512 l. 10 s.
Trente six,	12870. l.
Trente sept,	13227 l. 10 s.
Trente huit,	13585 l.
Trente neuf,	13942 l. 10 s.
Quarante,	14300 l.
Quarante vn,	14657 l. 10 s.
Quarante deux,	15015 l.
Quarante trois,	15372 l. 10 s.
Quarante quatre,	15730 l.
Quarante cinq,	16087 l. 10 s.
Quarante six,	16445 l.
Quarante sept,	16802 l. 10 s.
Quarante huit,	17160 l.
Quarante neuf,	17517 l. 10 s.
Cinquante,	17875 l.
Cinquante vn,	18232 l. 10 s.
Cinquante deux,	18590 l.
Cinquante trois,	18947 l. 10 s.
Cinquante quatre,	19305 l.
Cinquante cinq,	19662 l. 10 s.
Cinquante six,	20020 l.
Cinquante sept,	20377 l. 10 s.
Cinquante huit,	20735 l.
Cinquante neuf,	21092 l. 10 s.
Soixante,	21450 l.
Soixante vn,	21807 l. 10 s.

Cinq,	223 l. 8 ſ. 9 d.
Six,	268 l. 2 ſ. 6 d.
Sept,	312 l. 16 ſ. 3 d.
LE MARC,	357 l. 10 ſ.
Deux Marcs,	715 l.
Trois,	1072 l. 10 ſ.
Quatre,	1430 l.
Cinq,	1787 l. 10 ſ.
Six,	2145 l.
Sept,	2502 l. 10 ſ.
Huit,	2860 l.
Neuf,	3217 l. 10 ſ.
Dix,	3575 l.
Onze,	3932 l. 10 ſ.
Douze,	4290 l.
Treize,	4647 l. 10 ſ.
Quatorze,	5005 l.
Quinze,	5362 l. 10 ſ.
Seize,	5720 l.
Dix ſept,	6077 l. 10 ſ.
Dix huit,	6435 l.
Dix neuf,	6792 l. 10 ſ.
Vingt,	7150 l.
Vingt vn,	7507 l. 10 ſ.
Vingt deux,	7865 l.
Vingt trois,	8222 l. 10 ſ.
Vingt quatre,	8580 l.
Vingt cinq,	8937 l. 10 ſ.
Vingt ſix,	9295 l.
Vingt ſept,	9652 l. 10 ſ.
Vingt huit,	10010 l.
Vingt neuf,	10367 l. 10 ſ.

Trente,	10725 l.
Trente vn,	11082 l. 10 s.
Trente deux,	11440 l.
Trente trois,	11797 l. 10 s.
Trente quatre,	12155 l.
Trente cinq,	12512 l. 10 s.
Trente six,	12870. l.
Trente sept,	13227 l. 10 s.
Trente huit,	13585 l.
Trente neuf,	13942 l. 10 s.
Quarante,	14300 l.
Quarante vn,	14657 l. 10 s.
Quarante deux,	15015 l.
Quarante trois,	15372 l. 10 s.
Quarante quatre,	15730 l.
Quarante cinq,	16087 l. 10 s.
Quarante six,	16445 l.
Quarante sept,	16802 l. 10 s.
Quarante huit,	17160 l.
Quarante neuf,	17517 l. 10 s.
Cinquante,	17875 l.
Cinquante vn,	18232 l. 10 s.
Cinquante deux,	18590 l.
Cinquante trois,	18947 l. 10 s.
Cinquante quatre,	19305 l.
Cinquante cinq,	19662 l. 10 s.
Cinquante six,	20020 l.
Cinquante sept,	20377 l. 10 s.
Cinquante huit,	20735 l.
Cinquante neuf,	21092 l. 10 s.
Soixante,	21450 l.
Soixante vn,	21807 l. 10 s.

Soixante deux,	22165 l.
Soixante trois,	22522 l. 10 s.
Soixante quatre,	22880 l.
Soixante cinq,	23237 l. 10 s.
Soixante six,	23595 l.
Soixante sept,	23952 l. 10 s.
Soixante huit,	24310 l.
Soixante neuf,	24667 l. 10 s.
Soixante dix,	25025 l.
Soixante onze,	25382 l. 10 s.
Soixante douze,	25740 l.
Soixante treize,	26097 l. 10 s.
Soixante quatorze,	26455 l.
Soixante quinze,	26812 l. 10 s.
Soixante seize,	27170 l.
Soixante dix sept,	27527 l. 10 s.
Soixante dix huict,	27885 l.
Soixante dix neuf,	28242 l. 10 s.
Quatre vingts,	28600 l.
Quatre vingts vn,	28957 l. 10 s.
Quatre vingts deux,	29315 l.
Quatre vingts trois,	29672 l. 10 s.
Quatre vingts quatre,	30030 l.
Quatre vingts cinq,	30387 l. 10 s.
Quatre vingts six,	30745 l.
Quatre vingts sept,	31102 l. 10 s.
Quatre vingts huit,	31460 l.
Quatre vingts neuf,	31817 l. 10. s.
Quatre vingts dix,	32175 l.
Quatre vingts onze,	32532 l. 10 s.
Quatre vingts douze,	32890 l.
Quatre vingts treize,	33247 l. 10 s.

Quatre vingts quatorze,	33605 l.
Quatre vingts quinze,	33962 l. 10
Quatre vingts ſeize,	34320 l.
Quatre vingts dix ſept,	34677 l. 10
Quatre vingts dix huit,	35035 l.
Quatre vingts dix neuf,	35392 l. 10
Cent,	35750 l.
Deux cens,	71500 l.
Trois cens,	107250 l.
Quatre cens,	143000 l.
Cinq cens,	178750 l.
Mil,	357500 l.

Eſcus & Piſtoles d'Italie.

LE GRAIN,	1 ſ. 6
Deux,	3 ſ.
Trois,	4 ſ. 6
Quatre,	6 ſ.
Cinq,	7 ſ. 6
Six,	9 ſ.
Sept,	10 ſ. 7
Huit,	12 ſ. 1
Neuf,	13 ſ. 7
Dix,	15 ſ. 1
Onze,	16 ſ. 7
Douze,	18 ſ. 1
Treize,	19 ſ. 8
Quatorze,	21 ſ. [illegible]
Quinze,	22 ſ. 8
Seize,	24 ſ. 2
Dix ſept,	25 ſ. 8

Soixante deux,	22165 l.
Soixante trois,	22522 l. 10 s.
Soixante quatre,	22880 l.
Soixante cinq,	23237 l. 10 s.
Soixante six,	23595 l.
Soixante sept,	23952 l. 10 s.
Soixante huit,	24310 l.
Soixante neuf,	24667 l. 10 s.
Soixante dix,	25025 l.
Soixante onze,	25382 l. 10 s.
Soixante douze,	25740 l.
Soixante treize,	26097 l. 10 s.
Soixante quatorze,	26455 l.
Soixante quinze,	26812 l. 10 s.
Soixante seize,	27170 l.
Soixante dix sept,	27527 l. 10 s.
Soixante dix huict,	27885 l.
Soixante dix neuf,	28242 l. 10 s.
Quatre vingts,	28600 l.
Quatre vingts vn,	28957 l. 10 s.
Quatre vingts deux,	29315 l.
Quatre vingts trois,	29672 l. 10 s.
Quatre vingts quatre,	30030 l.
Quatre vingts cinq,	30387 l. 10 s.
Quatre vingts six,	30745 l.
Quatre vingts sept,	31102 l. 10 s.
Quatre vingts huit,	31460 l.
Quatre vingts neuf,	31817 l. 10 s.
Quatre vingts dix,	32175 l.
Quatre vingts onze,	32532 l. 10 s.
Quatre vingts douze,	32890 l.
Quatre vingts treize,	33247 l. 10 s.

Quatre vingts quatorze,	33605 l.
Quatre vingts quinze,	33962 l. 10 ſ.
Quatre vingts ſeize,	34320 l.
Quatre vingts dix ſept,	34677 l. 10 ſ.
Quatre vingts dix huit,	35035 l.
Quatre vingts dix neuf,	35392 l. 10 ſ.
Cent,	35750 l.
Deux cens,	71500 l.
Trois cens,	107250 l.
Quatre cens,	143000 l.
Cinq cens,	178750 l.
Mil,	357500 l.

Eſcus & Piſtoles d'Italie.

LE GRAIN,	1 ſ. 6 d.
Deux,	3 ſ.
Trois,	4 ſ. 6 d.
Quatre,	6 ſ.
Cinq,	7 ſ. 6 d.
Six,	9 ſ.
Sept,	10 ſ. 7 d.
Huit,	12 ſ. 1 d.
Neuf,	13 ſ. 7 d.
Dix,	15 ſ. 1 d.
Onze,	16 ſ. 7 d.
Douze,	18 ſ. 1 d.
Treize,	19 ſ. 8 d.
Quatorze,	21 ſ. 2 d.
Quinze,	22 ſ. 8 d.
Seize,	24 ſ. 2 d.
Dix ſept,	25 ſ. 8 d.

Dix-huit,		27 s.	2 d.
Dix neuf,		28 s.	8 d.
Vingt,		30 s.	3 d.
Vingt vn,		31 s.	9 d.
Vingt deux,		33 s.	3 d.
Vingt trois,		34 s.	9 d.
LE DENIER,		36 s.	3 d.
Le demy Gros,	2 l.	14 s.	5 d.
LE GROS,	5 l.	8 s.	11 d.
Deux,	10 l.	17 s.	10 d.
Trois,	16 l.	6 s.	9 d.
Quatre,	21 l.	15 s.	9 d.
Cinq,	27 l.	4 s.	8 d.
Six,	32 l.	13 s.	7 d.
Sept,	38 l.	2 s.	6 d.
L'ONCE,	43 l.	11 s.	6 d.
Deux,	87 l.	3 s.	
Trois,	130 l.	14 s.	6 d.
Quatre,	174 l.	6 s.	
Cinq,	217 l.	17 s.	6 d.
Six,	261 l.	9 s.	
Sept,	305 l.		6 d.
LE MARC,	348 l.	12 s.	
Deux,	697 l.	4 s.	
Trois,	1045 l.	16 s.	
Quatre,	1394 l.	8 s.	
Cinq,	1743 l.		
Six,	2091 l.	12 s.	
Sept,	2440 l.	4 s.	
Huit,	2788 l.	16 s.	
Neuf,	3137 l.	8 s.	
Dix,	3486 l.		

Onze,	3834 l. 12 ſ.
Douze,	4183 l. 4 ſ.
Treize,	4531 l. 16 ſ.
Quatorze,	4880 l. 8 ſ.
Quinze,	5229 l.
Seize,	5577 l. 12 ſ.
Dix ſept,	5926 l. 4 ſ.
Dix huit,	6274 l. 16 ſ.
Dix neuf,	6623 l. 8 ſ.
Vingt,	6972 l.
Vingt vn,	7320 l. 12 ſ.
Vingt deux,	7669 l. 4 ſ.
Vingt trois,	8017 l. 16 ſ.
Vingt quatre,	8366 l. 8 ſ.
Vingt cinq,	8715 l.
Vingt ſix,	9063 l. 12 ſ.
Vingt ſept,	9412 l. 4 ſ.
Vingt huit,	9760 l. 16 ſ.
Vingt neuf,	10109 l. 8 ſ.
Trente,	10458 l.
Trente vn,	10806 l. 12 ſ.
Trente deux,	11155 l. 4 ſ.
Trente trois,	11503 l. 16 ſ.
Trente quatre,	11852 l. 8 ſ.
Trente cinq,	12201 l.
Trente ſix,	12549 l. 12 ſ.
Trente ſept,	12898 l. 4 ſ.
Trente huit,	13246 l. 16 ſ.
Trente neuf,	13595 l. 8 ſ.
Quarante,	13944 l.
Quarante vn,	14292 l. 12 ſ.
Quarante deux,	14641 l. 4 ſ.

Dix-huit,		27 ſ.	2 d.
Dix neuf,		28 ſ.	8 d.
Vingt,		30 ſ.	3 d.
Vingt vn,		31 ſ.	9 d.
Vingt deux,		33 ſ.	3 d.
Vingt trois,		34 ſ.	9 d.
LE DENIER,		36 ſ.	3 d.
Le demy Gros,	2 l.	14 ſ.	5 d.
LE GROS,	5 l.	8 ſ.	11 d.
Deux,	10 l.	17 ſ.	10 d.
Trois,	16 l.	6 ſ.	9 d.
Quatre,	21 l.	15 ſ.	9 d.
Cinq,	27 l.	4 ſ.	8 d.
Six,	32 l.	13 ſ.	7 d.
Sept,	38 l.	2 ſ.	6 d.
L'ONCE,	43 l.	11 ſ.	6 d.
Deux,	87 l.	3 ſ.	
Trois,	130 l.	14 ſ.	6 d.
Quatre,	174 l.	6 ſ.	
Cinq,	217 l.	17 ſ.	6 d.
Six,	261 l.	9 ſ.	
Sept,	305 l.		6 d.
LE MARG,	348 l.	12 ſ.	
Deux,	697 l.	4 ſ.	
Trois,	1045 l.	16 ſ.	
Quatre,	1394 l.	8 ſ.	
Cinq,	1743 l.		
Six,	2091 l.	12 ſ.	
Sept,	2440 l.	4 ſ.	
Huit,	2788 l.	16 ſ.	
Neuf,	3137 l.	8 ſ.	
Dix,	3486 l.		

Onze,	3834 l. 12 s.
Douze,	4183 l. 4 s.
Treize,	4531 l. 16 s.
Quatorze,	4880 l. 8 s.
Quinze,	5229 l.
Seize,	5577 l. 12 s.
Dix sept,	5926 l. 4 s.
Dix huit,	6274 l. 16 s.
Dix neuf,	6623 l. 8 s.
Vingt,	6972 l.
Vingt vn,	7320 l. 12 s.
Vingt deux,	7669 l. 4 s.
Vingt trois,	8017 l. 16 s.
Vingt quatre,	8366 l. 8 s.
Vingt cinq,	8715 l.
Vingt six,	9063 l. 12 s.
Vingt sept,	9412 l. 4 s.
Vingt huit,	9760 l. 16 s.
Vingt neuf,	10109 l. 8 s.
Trente,	10458 l.
Trente vn,	10806 l. 12 s.
Trente deux,	11155 l. 4 s.
Trente trois,	11503 l. 16 s.
Trente quatre,	11852 l. 8 s.
Trente cinq,	12201 l.
Trente six,	12549 l. 12 s.
Trente sept,	12898 l. 4 s.
Trente huit,	13246 l. 16 s.
Trente neuf,	13595 l. 8 s.
Quarante,	13944 l.
Quarante vn,	14292 l. 12 s.
Quarante deux,	14641 l. 4 s.

Quarante trois,	14989 l. 16 ſ.
Quarante quatre,	15338 l. 8 ſ.
Quarante cinq,	15687 l.
Quarante ſix,	16035 l. 12 ſ.
Quarante ſept,	16384 l. 4 ſ.
Quarante huit,	16732 l. 16 ſ.
Quarante neuf,	17081 l. 8 ſ.
Cinquante,	17430 l.
Cinquante vn,	17778 l. 12 ſ.
Cinquante deux,	18127 l. 4 ſ.
Cinquante trois,	18475 l. 16 ſ.
Cinquante quatre,	18824 l. 8 ſ.
Cinquante cinq,	19173 l.
Cinquante ſix,	19521 l. 12 ſ.
Cinquante ſept,	19870 l. 4 ſ.
Cinquante huit,	20218 l. 16 ſ.
Cinquante neuf,	20567 l. 8 ſ.
Soixante,	20916 l.
Soixante vn,	21264 l. 12 ſ.
Soixante deux,	21613 l. 4 ſ.
Soixante trois,	21961 l. 16 ſ.
Soixante quatre,	22310 l. 8 ſ.
Soixante cinq,	22659 l.
Soixante ſix,	23007 l. 12 ſ.
Soixante ſept,	23356 l. 4 ſ.
Soixante huit,	23704 l. 16 ſ.
Soixante neuf,	24053 l. 8 ſ.
Soixante dix,	24402 l.
Soixante onze,	24[illegible]50 l. 12 ſ.
Soixante douze,	25099 l. 4 ſ.
Soixante treize,	25447 l. 16 ſ.
Soixantequatorze,	25796 l. 8 ſ.

Soixante quinze,	26145 l.
Soixante seize,	26493 l. 12 s.
Soixante dix sept,	26842 l. 4 s.
Soixante dix huit,	27190 l. 16 s.
Soixante dix neuf,	27539 l. 8 s.
Quatre vingts,	27888 l.
Quatre vingts vn,	28236 l. 12 s.
Quatre vingts deux,	28585 l. 4 s.
Quatre vingts trois,	28933 l. 16 s.
Quatre vingts quatre,	29282 l. 8 s.
Quatre vingts cinq,	29631 l.
Quatre vingts six,	29979 l. 12 s.
Quatre vingts sept,	30328 l. 4 s.
Quatre vingts huit,	30676 l. 16 s.
Quatre vingts neuf,	31025 l. 8 s.
Quatre vingts dix,	31374 l.
Quatre vingts onze,	31722 l. 12 s.
Quatre vingts douze,	32071 l. 4 s.
Quatre vingts treize,	32419 l. 16 s.
Quatre vingts quatorze,	32768 l. 8 s.
Quatre vingts quinze,	33117 l.
Quatre vingts seize,	33465 l. 12 s.
Quatre vingts dix sept,	33814 l. 4 s.
Quatre vingts dix huit,	34162 l. 16 s.
Quatre vingts dix neuf,	34511 l. 8 s.
Cent,	34860 l.
Deux cens,	69720 l.
Trois cens,	104580 l.
Quatre cens,	139440 l.
Cinq cens,	174300 l.
Mil,	348600 l.

FIN.

Quarante trois, 14989 l. 16 s.
Quarante quatre, 15338 l. 8 s.
Quarante cinq, 15687 l.
Quarante six, 16035 l. 12 s.
Quarante sept, 16384 l. 4 s.
Quarante huit, 16732 l. 16 s.
Quarante neuf, 17081 l. 8 s.
Cinquante, 17430 l.
Cinquante vn, 17778 l. 12 s.
Cinquante deux, 18127 l. 4 s.
Cinquante trois, 18475 l. 16 s.
Cinquante quatre, 18824 l. 8 s.
Cinquante cinq, 19173 l.
Cinquante six, 19521 l. 12 s.
Cinquante sept, 19870 l. 4 s.
Cinquante huit, 20218 l. 16 s.
Cinquante neuf, 20567 l. 8 s.
Soixante, 20916 l.
Soixante vn, 21264 l. 12 s.
Soixante deux, 21613 l. 4 s.
Soixante trois, 21961 l. 16 s.
Soixante quatre, 22310 l. 8 s.
Soixante cinq, 22659 l.
Soixante six, 23007 l. 12 s.
Soixante sept, 23356 l. 4 s.
Soixante huit, 23704 l. 16 s.
Soixante neuf, 24053 l. 8 s.
Soixante dix, 24402 l.
Soixante onze, 24750 l. 12 s.
Soixante douze, 25099 l. [illegible] s.
Soixante treize, 25447 l. 16 s.
Soixantequatorze, 25796 l. 8 s.

Soixante quinze, 26145 l.
Soixante seize, 26493 l. 12 s.
Soixante dix sept, 26842 l. 4 s.
Soixante dix huit, 27190 l. 16 s.
Soixante dix neuf, 27539 l. 8 s.
Quatre vingts, 27888 l.
Quatre vingts vn, 28236 l. 12 s.
Quatre vingts deux, 28585 l. 4 s.
Quatre vingts trois, 28933 l. 16 s.
Quatre vingts quatre, 29282 l. 8 s.
Quatre vingts cinq, 29631 l.
Quatre vingts six, 29979 l. 12 s.
Quatre vingts sept, 30328 l. 4 s.
Quatre vingts huit, 30676 l. 16 s.
Quatre vingts neuf, 31025 l. 8 s.
Quatre vingts dix, 31374 l.
Quatre vingts onze, 31722 l. 12 s.
Quatre vingts douze, 32071 l. 4 s.
Quatre vingts treize, 32419 l. 16 s.
Quatre vingts quatorze, 32768 l. 8 s.
Quatre vingts quinze, 33117 l.
Quatre vingts seize, 33465 l. 12 s.
Quatre vingts dix sept, 33814 l. 4 s.
Quatre vingts dix huit, 34162 l. 16 s.
Quatre vingts dix neuf, 34511 l. 8 s.
Cent, 34860 l.
Deux cens, 69720 l.
Trois cens, 104580 l.
Quatre cens, 139440 l.
Cinq cens, 174300 l.
Mil, 348600 l.

FIN.

www.ingramcontent.com/pod-product-compliance
Lightning Source LLC
LaVergne TN
LVHW050508160826
845677LV00003B/1012

* 9 7 8 2 3 2 9 6 3 7 7 0 9 *